# DISCOURS
## PRONONCÉS
# DANS L'ACADÉMIE
## FRANÇOISE,

Le Jeudi 19 Décembre M. DCC. LIV.

### A LA RECEPTION
## DE M. D'ALEMBERT.

A PARIS,
Chez BRUNET, Imprimeur de l'Académie Françoise,
rue S. Jacques.

M. DCC. LIV.

*M.* D'Alembert *ayant été élû par Meſſieurs de l'Académie Françoiſe, à la place de feu M.* l'Evesque de Vence, *y vint prendre ſéance le Jeudi dix-neuf Décembre* 1754, *& prononça le Diſcours qui ſuit.*

# Messieurs,

Livré dès mon enfance à des études abſtraites, obligé depuis de m'y conſacrer, par l'adoption qu'a daigné faire de moi une Compagnie ſavante & célèbre, je me contentois d'aimer & d'admirer vos travaux. C'eſt donc moins à mes écrits que vous avez accordé vos ſuffrages qu'à mes ſentimens pour vous, à mon zèle pour la gloire des Lettres, à mon attachement pour tous ceux qui à votre exemple les font reſpecter par leurs talens & par leurs mœurs. Tels ſont les titres que j'apporte ici : ils m'honorent & ne me coûteront point à conserver ; puissent-ils justifier votre choix !

Mais c'est trop vous parler de moi, MESSIEURS; la reconnoissance me presse de partager avec vous la perte de l'illustre Prélat auquel je succède. M. l'Evêque de Vence ne fut redevable qu'à lui-même de la réputation & des honneurs dont il a joui : il ignora la souplesse du manège, la bassesse de l'intrigue, & ces autres moyens vils qui mènent aux dignités par le mépris : il fut éloquent & vertueux, & mérita par ces deux qualités l'Episcopat & vos suffrages. Permettez-moi, MESSIEURS, de commencer l'hommage que je dois à sa mémoire, par quelques réfléxions sur le genre dans lequel il s'est distingué : j'ai puisé ces réfléxions dans vos Ouvrages, & je les soumets à vos lumières.

L'éloquence est le talent de faire passer rapidement & d'imprimer avec force dans l'ame des autres le sentiment profond dont on est pénétré : ce talent prétieux a son germe dans une sensibilité rare pour le grand, l'honnête & le vrai; la même agitation de l'ame, capable d'exciter en nous une émotion vive, suffit pour en faire sortir l'image au dehors ; il n'y a donc point d'art pour l'éloquence, puisqu'il n'y en a point pour sentir. Ce n'est point à produire des beautés, c'est à faire éviter les fautes, que les grands Maîtres ont destiné les règles. La nature forme les hommes de génie, comme elle forme au sein de la terre les métaux prétieux, brutes, informes, pleins d'alliage & de matières étrangères. L'art ne fait pour le génie que ce qu'il fait pour ces métaux, il n'ajoute rien à leur fubftance, il les dégage de ce qu'ils ont d'étranger, & découvre l'ouvrage de la nature.

Suivant ces principes, qui font les vôtres, MESSIEURS, il n'y a de vraiment éloquent que ce qui conferve ce caractère en paffant d'une langue dans une autre ; le fublime fe traduit toujours, prefque jamais le ftyle. Pourquoi les Cicerons & les Démofthènes intéreffent-ils celui même qui les lit dans une autre langue que la leur, quoique trop fouvent dénaturés & traveftis ? Le génie de ces grands Hommes y refpire encore, &, fi on peut parler ainfi, l'empreinte de leur ame y refte attachée.

Pour être éloquent, même fans afpirer à cette gloire, il ne faut à un génie élevé que de grands objets. Defcartes & Newton ( pardonnez, MESSIEURS, cet exemple à un Géomètre qui ofe parler de l'éloquence devant vous ) Defcartes & Newton, ces deux Légiflateurs dans l'art de penfer que je ne prétends pas mettre au rang des Orateurs, font éloquens lorfqu'ils parlent de Dieu, du Temps & de l'Efpace. En effet, ce qui nous élève l'efprit ou l'ame, eft la matière propre de l'éloquence, par le plaifir que nous reffentons à nous voir grands; ce qui nous anéantit à nos yeux n'y eft pas moins propre, en ce qu'il femble auffi nous élever, par le contrafte entre le peu d'efpace que nous occupons dans l'Univers, & l'étendue immenfe que nos réfléxions ofent parcourir, en s'élançant, pour ainfi dire, du centre étroit où nous fommes placés.

Rien n'eft donc, MESSIEURS, plus favorable à l'éloquence que les vérités de la Religion ; elles nous offrent le néant & la dignité de l'homme. Mais plus un sujet est grand, plus on exige de ceux qui le traitent; & les loix de l'éloquence de la Chaire compensent par leur rigueur les avantages de l'objet. Presque tout est écueil en ce genre; la difficulté d'annoncer d'une manière frappante & cependant naturelle des vérités que leur importance a rendues communes; la forme sèche & didactique, si ennemie des grands mouvemens & des grandes idées; l'air de prétention & d'apprêt qui décèle un Orateur plus occupé de lui-même que du Dieu qu'il représente; enfin le goût des ornemens frivoles qui outragent la majesté du sujet. Des différens styles qu'admet l'éloquence profane, il n'y a proprement que le style simple qui convienne à celle de la Chaire; le sublime doit toujours être dans le sentiment ou dans la pensée, & la simplicité dans l'expression.

Telle fut, MESSIEURS, l'éloquence de l'Orateur qui est aujourd'hui l'objet de vos regrets; elle fut touchante & sans art, comme la Religion & la Vérité; il sembloit l'avoir formée sur le modèle de ces discours nobles & simples, par lesquels un de vos plus illustres Confrères inspiroit au cœur tendre & sensible de notre Monarque encore enfant, les vertus dont nous goûtons aujourd'hui les fruits.

Qu'il seroit à souhaiter que l'Eglise & la Nation, après avoir joui si long-temps de l'éloquence de mon prédécesseur, pussent en recueillir les restes après sa mort! La lecture de ses Ouvrages en eût sans doute justifié le succès. Mais M. l'Evêque de Vence, par un sentiment que nous oserions blâmer, si nous n'en respections le principe, se défia, comme il le disoit lui-même, de sa jeunesse & de ses partisans. Il fut trop éclairé pour n'être pas modeste ; son ame ressembloit à son éloquence, elle étoit simple & élevée. La simplicité est la suite ordinaire de l'élévation des sentimens, parce que la simplicité consiste à se montrer tel que l'on est, & que les ames nobles gagnent toujours à être connues.

Enfin, ce qui honore le plus, MESSIEURS, la mémoire de M. l'Evêque de Vence, c'est son attachement éclairé pour la Religion. Il la respectoit assez pour vouloir la faire aimer aux autres ; il savoit que les opinions des hommes leur sont du moins aussi chères que leurs passions, mais sont encore moins durables quand on les abandonne à elles-mêmes ; que l'erreur ne résiste que trop à l'épreuve des remèdes violens; que la modération, la douceur & le temps détruisent tout, excepté la vérité. Il fut sur-tout bien éloigné de ce zèle aveugle & barbare, qui cherche l'impieté où elle n'est pas, & qui moins ami de la Religion qu'ennemi des Sciences & des Lettres, outrage & noircit des hommes irréprochables dans leur conduite & dans leurs écrits. Où pourrois-je, MESSIEURS, reclamer avec plus de force & de succès contre cette injustice cruelle, qu'au milieu d'une Compagnie qui renferme ce que la Religion a de plus respectable, l'Etat de plus grand, les Lettres de plus célèbre ?

La Religion doit aux Lettres & à la Philosophie l'affermissement de ses principes ; les Souverains l'affermissement de leurs droits, combattus & violés dans des siècles d'ignorance ; les Peuples cette lumière générale, qui rend l'autorité plus douce, & l'obéissance plus fidèle.

Quel est notre bonheur, MESSIEURS, de vivre sous un Prince humain & sage, qui sait combien les Lettres sont propres à faire aimer à la Nation ce que lui-même chérit le plus, la justice, la vérité, l'ordre & la paix ? Des dispositions si respectables dans notre auguste Monarque, sont du moins aussi prétieuses pour nous, que tant d'actions éclatantes, dont une seule suffiroit pour immortaliser son règne, la grandeur de sa Maison augmentée, deux Provinces conquises & deux victoires remportées en personne, la paix rendue à l'Europe par sa modération, la noblesse accordée aux défenseurs de la Patrie, l'école des Héros élevée à côté de leur asyle, la terre mesurée de l'extrémité de l'Afrique à la mer glaciale, le goût pour l'agriculture & les choses utiles encouragé par les opérations les plus sagement combinées, le commerce le plus nécessaire rendu libre entre nos Provinces, la subsistance accordée par ce moyen à vingt millions d'hommes qui vont l'appeller leur Père.

C'est donc à nous, MESSIEURS, ( le zèle pour la Patrie m'autorise à me mettre du nombre ) c'est à nous à répondre aux intentions si droites & si pures du Prince équitable qui nous gouverne, en inspirant par nos Ouvrages à tous les citoyens, l'amour paisible de la Religion & des Loix. Ce fut aussi principalement dans cette vûe, ce fut pour fixer dans la Nation par vos écrits la manière de penser, bien plus que la langue, que votre illustre Fondateur vous établit. Il connoissoit toute la considération & par conséquent toute l'autorité qu'un homme de Lettres peut tirer de son état. RICHELIEU, vainqueur de l'Espagne, de l'Hérésie & des Grands, sentoit au milieu des hommages qu'il recevoit de toutes parts, que si le sage n'en rendoit qu'au grand Homme, la multitude n'en rendoit qu'à la place, & que les applaudissemens arrachés par Corneille à la multitude & aux sages, n'étoient donnés qu'à sa personne. La forme & les Loix que votre Fondateur vous prescrivit, MESSIEURS, étoient une suite de l'idée qu'il avoit de la dignité de vos travaux : il vous fit le présent le plus prétieux & le plus juste que puisse faire un grand Ministre à une Societé d'hommes qui pensent & qui s'assemblent pour s'éclairer mutuellement, l'égalité & la liberté; par-là il écarta de vous cet esprit de fermentation & de trouble qui est le poison lent des Sociétés littéraires; par-là il prépara l'honneur que vous ont fait, & celui que se font fait à eux-mêmes les premiers hommes de l'Etat, en venant parmi vous sacrifier aux Lettres un rang qu'elles respectent toujours dans les Grands même qui s'en souviennent, & à plus forte raison dans ceux qui l'oublient. Ainsi autrefois Pompée, vainqueur de Mithridate, de l'Afrique & de l'Asie, prêt à disputer à César l'Empire du Monde, déposoit ses faisceaux, son ambition & ses lauriers à la porte d'un Philosophe avec lequel il alloit s'entretenir, & laissoit à douter aux sages même, qui étoit le plus grand en cette occasion, du Philosophe, ou du Conquérant.

Mais l'honneur le plus distingué que vous ayez jamais reçu, MESSIEURS, est la protection immédiate de vos Souverains ; cet objet est devenu trop grand pour tout autre que pour eux. Les Lettres ne peuvent être dignement protegées que par les Rois, ou par elles-mêmes. L'Académie Françoise verra à la tête de ses Protecteurs ce Prince si célèbre dans les fastes de la France, de l'Europe & de l'Univers, à la gloire duquel tout a concouru jusqu'à l'adversité même ; plus Grand, lorsque pour le soulagement de ses Peuples il engageoit à la paix les Nations liguées contre lui, que lorsqu'il les forçoit à la recevoir ; enfin, qui mérita de ses Sujets, des Etrangers & de ses Ennemis, l'honneur de donner son nom à son siècle.

Tels sont, MESSIEURS, les objets immortels que vous devez célébrer : tels sont les engagemens de tous ceux que le talent appelle parmi vous. Pour moi je me bornerai à vous entendre & à vous lire ; je sentirai croître par votre exemple mon attachement pour ma Patrie, déja éprouvé par un Prince, l'allié & sur-tout l'ami de notre Nation, & que l'Europe & ses actions me dispensent de louer ; j'apprendrai enfin de vous ce que les jeunes Lacédémoniens apprenoient de leurs

Maîtres, le respect pour les Loix, l'amour de la vertu, l'horreur de toute action lâche & odieuse. Je finis, MESSIEURS, pénétré à la vûe de vos bienfaits & de mes devoirs ; les sentimens dont mon ame est remplie, impatiens de se montrer, se nuisent les uns aux autres, & je serai une exception à la règle, qu'il suffit de sentir pour être éloquent.

# RÉPONSE de M. Gresset, *Directeur de l'Académie Françoise, au Discours prononcé par M. d'Alembert.*

Monsieur,

Les esprits d'un ordre supérieur appartiennent à tout ; également citoyens de l'empire des Lettres & de celui des Sciences, ils passent du Portique & du Lycée au Temple des Muses & des Beaux-Arts sans en ignorer la langue & sans y paroître étrangers : appellés par la Nature, éclairés par le Génie, ils s'élancent au-delà des barrières où rampe la foule des beaux-esprits sans études & des savans sans graces ; nés pour être utiles & chers aux hommes, ils ouvrent des routes nouvelles dans le labyrinthe de la Nature, ils étendent la sphère des idées, ils perfectionnent les arts, ils élèvent des monumens immortels, & réunissant le savoir & l'agrément, la force & l'élégance, le don de bien penser & le talent de bien écrire, leurs ouvrages les annoncent, leurs succès parlent, & il ne peut être pour eux de plus éloquent éloge que leur renommée.

Telle est, Monsieur, la brillante destinée des grands talens & la vôtre ; & quand non-seulement la France Littéraire, mais toute l'Europe

Savante applaudit aux fuffrages qui vous placent ici, la Renommée ne me laiffe rien à dire : d'ailleurs la véritable philofophie ne reçoit qu'impatiemment le tribut des louanges; fupérieure à la vanité qui les defire, à l'adulation qui les prodigue, à la médiocrité qui les difpute, elle ne fait que les mériter, elle craint de les entendre, & par-là même elle force quelquefois l'envie à reconnoître le mérite & à le pardonner.

Dans un jour confacré à la gloire des talens & des fuccès, pourquoi faut-il mêler la voix de la douleur au langage des applaudiffemens ? Vous avez tracé, Monsieur, avec autant de vérité que d'énergie, l'image de l'illuftre Prélat que l'Académie Françoife vient de perdre; mais nos regrets font trop étendus, trop fenfibles & trop légitimes pour ne point arrêter encore un moment nos regards fur fon tombeau. Quelle perte l'Eloquence vient de faire ! Et quel génie lumineux viendra diffiper les profondes ténèbres qui la couvrent ?

Notre fiècle n'a que trop de ces efprits médiocres, de ces talens fubalternes, qui fe croyant fublimes ne peuvent manquer de fe trouver éloquens, & d'être pris pour tels par le vulgaire de tous les rangs. Dans toutes les Tribunes, ainfi que dans la plufpart des Sociétés, on n'a que trop à effuyer ou de cette froide éloquence prétendue, qui n'eft qu'une ftérile abondance de mots, un vain étalage de raifonnemens fans principes & fans objet, un chaos d'idées & de fentimens fans force & fans chaleur; ou de cette éloquence ridicule qui n'est que le langage foible du bel esprit, le jargon fastidieux de l'antithèse, & la manie puérile de mettre tout en épigrammes. Pour assurer à notre siècle une suite nombreuse de pareils déclamateurs, il ne faut que deux qualités qui malheureusement ne sont pas prêtes à manquer ; la merveilleuse facilité de parler long-temps sans avoir rien à dire, & la confiance intrépide qui accompagne toujours les talens médiocres & les beaux esprits sans génie.

Mais qui nous rendra le vrai talent de parler avec raison, avec force, avec utilité, ce génie mâle & majestueux, sensible & pénétrant, simple & sublime, dont Athènes & Rome ont laissé des monumens que le dernier siècle a peut-être surpassés parmi nous, & que le nôtre n'atteint plus ? Qui nous rendra sur-tout l'éloquence de la Chaire, ce talent si rare, si difficile & si souvent usurpé, ce talent le premier de tous, par la nécessité, la grandeur & la supériorité de son objet ? Qui nous rappellera ces Orateurs puissans, ces modérateurs de l'esprit humain, ces maîtres des passions elles-mêmes, ces ministres vraiment dignes d'annoncer aux hommes la vérité éternelle, l'unique vérité devant qui la Terre doit rester en silence avec ses maîtres & ses sages ? Enfin, qui ranimera les cendres de l'Orateur illustre que nous regretons aujourd'hui, le dernier qui nous restoit du siècle de l'éloquence véritable, & dont les talens avoient balancé quelquefois les succès de Massillon ? Il avoit comme lui recueilli, dans cette Compagnie, l'héritage &

la place de Bossuet & de Fléchier. Nous voyons nos pertes, nous les pleurons, & nos larmes sont d'autant plus justes que les dédommagemens sont devenus plus rares, & que l'Eloquence Sacrée attend encore ici un restaurateur.

Malgré le faux axiôme respecté dans les écoles & proscrit par le goût, vous avez eu raison de dire, Monsieur, qu'on ne doit la grande éloquence qu'aux dons lumineux, à l'impulsion rapide de la Nature, & non au pesant secours des règles, ni au pédantisme des préceptes; le génie ne s'apprend, ni ne se copie: mais à cette vérité j'en dois ajouter une plus essentielle encore, & que la mémoire de M. l'Evêque de Vence rappelle naturellement pour sa gloire & pour l'instruction de ses imitateurs: les dons de la Nature, à quelque dégré de perfection qu'on les suppose, ne sont pas suffisans; le génie lui-même n'est point encore assez pour un Ministre de la parole sainte, il n'a rien, il n'arrive à rien, s'il ne joint aux talens & au génie l'autorité de l'exemple & l'éloquence des mœurs; on n'inspire point ce qu'on ne sent pas vivement, il faut être convaincu pour convaincre, & agir pour persuader; avec toute l'élévation des idées, toutes les graces de l'expression & toute la force du sentiment, on est bien foible contre les passions d'autrui, quand on est soupçonné de les partager, quand on n'est annoncé que par la vanité, le desir de plaire, & la profane ambition.

Ce ne fut point sous de pareils auspices que M. l'Evêque de Vence entra dans la carrière; rempli des grandes vérités du Christianisme, nourri de l'étude des livres saints, il n'eut de guide que la Religion elle-même; ses talens pour la Chaire furent bientôt proclamés par la voix publique, & ses succès décidés; il n'étoit point de ces Prédicateurs frivoles & méprisables, qui à la face des Autels même, cherchant moins les palmes du Sanctuaire que les lauriers des Spectacles, viennent montrer qu'ils ne savent que le langage du monde, ne veulent que lui plaire, & n'emportent de nos Temples, aux yeux du Christianisme & de la Raison, qu'une gloire sacrilège & des succès ridicules. Ses discours énergiques & sensibles, embellis par toutes les graces extérieures du talent, recevoient un nouveau poids, une autorité nouvelle, de la réputation de sa vertu. Solitaire paisible, Philosophe Chrétien, sans cabale, sans protecteurs, attendu par un peuple nombreux, & sans avoir mandié d'auditeurs, du fond de sa retraite il venoit apporter la lumière, dévoiler les chimères du monde, les illusions de l'amour propre, les petitesses de la grandeur, la foiblesse des esprits-forts, le néant de la sagesse humaine; il venoit consoler l'infortune, attendrir la prospérité, apprendre aux impies à trembler, aux incrédules à adorer, aux grands à mourir, aux hommes à s'aimer; il étoit pénétré, il touchoit. Il n'appartient qu'à la vertu réelle, que donne & consacre la Religion, d'élever cette voix impérieuse qui soumet la raison, qui fait taire l'esprit, qui parle au cœur & commande le devoir.

La

La Gloire, qu'il ne cherchoit pas, vint le trouver dans sa solitude, & l'illustrer sans changer ses mœurs. Arrivé à l'Episcopat sans brigues, sans bassesses & sans hypocrisie, il y vécut sans faste, sans hauteur & sans négligence. Ce ne fut point de ces talens qui se taisent dès qu'ils sont récompensés, de ces bouches que la fortune rend muettes, & qui se fermant, dès que le rang est obtenu, prouvent trop qu'on ne prêche pas toujours pour des conversions; dévoué tout entier à l'instruction des peuples confiés à son zèle, il leur consacra tous ses talens, tous ses soins, tous ses jours, Pasteur d'autant plus cher à son troupeau, que ne le quittant jamais, il en étoit plus connu. Louange rarement donnée & bien digne d'être remarquée; dans le cours de plus de vingt années d'Episcopat, M. l'Evêque de Vence ne sortit jamais de son Diocèse, que quand il fut appellé par son devoir à l'assemblée du Clergé; bien différent de ces Pontifes agréables & profanes craïonnés autrefois par Despréaux, & qui regardant leur devoir comme un ennui, l'oisiveté comme un droit, leur résidence naturelle comme un exil, venoient promener leur inutilité parmi les écueils, le luxe & la mollesse de la Capitale, ou venoient ramper à la Cour, & y traîner de l'ambition sans talens, de l'intrigue sans affaires, & de l'importance sans crédit. Enfin, plein d'années, de vertus & de gloire, il est mort, pleuré des siens, comme un père tendre, honoré & chéri, expire au milieu des gémissemens d'une famille éplorée, dont il

C

emporte l'eſtime, la reconnoiſſance & les regrets.

L'éloge des morts ne feroit pas plus utile que la critique des vivans, s'il n'étoit une leçon pour ceux qui reſtent. Souvenons-nous donc, en regardant ce tombeau, que les lettres & les talens n'ont de réelle & durable gloire que quand la Raiſon & la Religion y ſont unies. A la voix de ces cendres encore éloquentes, que la noble émulation s'enflamme dans tous ceux qui oſent ſe deſtiner à l'Eloquence, en quelque genre que ce ſoit. On ſe plaint qu'elle dégénere; mais que la nature ſeule ſoit conſultée & ſuivie, que le goût de l'étude renaiſſe, que le cœur inſpire, que la raiſon parle, alors l'Eloquence véritable ſe relevera dans toutes les Tribunes. Laiſſerions-nous enlever cette palme du génie à la ſplendeur d'un Empire, qui ſous les loix heureuſes du plus grand des Monarques, réunit tous les lauriers des talens & des arts, & tous les titres immortels qui conſacrent la gloire du Maître & le bonheur des Sujets?

www.ingramcontent.com/pod-product-compliance
Lightning Source LLC
Chambersburg PA
CBHW071448060426
42450CB00009BA/2329